Münz-Cabinet

LE CABINET de MONNAIES
du Voyageur
et du Négociant

PRUSSE

ou représentation des
MONNAIES COURANTES
des différens pays.

Publié par Engelmann père & fils, à Mulhouse.
1835

Cabinet of Moneys

PLVS PENSER QVE DIRE.

MÜNZ-CABINET

des Reisenden
und des Kaufmanns, oder
Abbildungen von

CURRENTEN MÜNZEN

der verschiedenen Länder

mit Angabe ihres Feingehalts und ihres relativen Werthes zu den bekanntesten Geldsorten.

Gesammelt und herausgegeben von *Engelmann père & fils*
in *Mülhausen*, Ober-Rhein,

PREUSSEN.

Le Cabinet de monnaies

DU VOYAGEUR ET DU NÉGOCIANT

ou Représentation
des

MONNAIES COURANTES

des différens pays.

*avec l'indication de leur titre et de leur valeur
relative aux espèces les plus connues.*

recueillies et publiées par *Engelmann père & fils*
à *Mulhouse*, haut-Rhin,

PRUSSE.

THE
TRAVELLER'S AND MERCHANT'S

Cabinet of Moneys

OR
Representation
of the

CURRENT COINS

of the different countries

*with the indication of their standard and relative value to
the most known species,*

collected and published by *Engelmann père & fils*
Mulhausen, haut-Rhin.

PRUSSIA.

In Commission bey Sig. Schmerber in Frankfurt ⁰/m. und bey Del Vecchio in Leipzig.

Preussen rechnet in Reichsthalern ehemals zu 24 Groschen die unter der Bezeichnung ggr (gute Groschen) bekannt sind, nunmehr ist aber der Thaler zu 30 Sgr. (Silbergroschen) gerechnet jeden zu 12 Pfennig, ggr. werden keine mehr geprägt, finden sich jedoch noch häufig im Umlauf.

Einfache und doppelte August d'or, Georg d'or, Carls d'or werden im gemeinen Verkehr dem Friedrichs d'or gleich gehalten auch bey den öffentlichen Kassen ohne Unterschied angenommen; Braunschweiger und andere Goldmünzen hingegen erleiden eine Kleinigkeit und haben nicht gewöhnlichen Cours.

Ducaten gelten 3 Thaler 6ggr. u. s. w. laut Cours. Fremde Silbermünzen haben in Preussen nicht Cours. Die Preußischen Münzen hingegen cursiren in allen umliegenden Ländern.

Papiergeld.

Dasselbe besteht aus den Kassenanweisungen die meistens zur Bequemlichkeit der Handlung ausgefertigt worden sind, sie werden nicht nur in Preußen sondern in den benachbarten Ländern dem Gelde gleich genommen und sogar der Bequemlichkeit wegen oft vorgezogen, allein die Summen die solche Kassenanweisungen gemacht werden.

La Prusse comptoit en Rixdales autrefois à 24 Gros, le Gros à 12 Pfennig, on les désigne par la marque ggr. (bon gros) maintenant on compte la Rixdale à 30 Gros à 12 Pfennig qu'on désigne par la marque S.gr (Gros d'argent) on ne frappe plus de ggr. mais il s'en trouve encore beaucoup en circulation.

Les Augustes d'or, Georges d'or et Charles d'or ont cours en Prusse comme les Frédérics-d'or, les Pièces-d'or de Braunschweig et autres par contre ne sont pas généralement reçues et perdent quelques gros.

Les Ducats valent 3 Rixdales 6ggr. plus ou moins suivant cours

Les monnaies d'argent étrangères n'ont point cours en Prusse. Par contre les monnaies prussiennes circulent dans tous les pays environnans.

Papier monnaie.

Il consiste en Mandats de Caisse qui ont été émis pour l'agrément du commerce, non seulement on les reçoit comme de l'argent monnayé en Prusse et dans les pays environnans, mais souvent on les préfère, puisqu'ils sont plus portatifs; des payemens de toute espèce peuvent être faits avec ce papier.

Prussia counts in Rixdollars formerly at 24 Gros the Gros at 12 Pfennig, they are designated by the mark ggr. (good Gros) now the Rixdollar is valued at 30 Gros at 12 Pfennig each, designated by the mark sgr. (silver Gros) the ggr. are printed no more, but a great many are still in circulation.

The Augustus d'or, Georges d'or, et Charles d'or, have the same currency as the Frederics d'or; but the gold coins of Braunschweig and others are not generally admitted and lose something. The ducats are equal to 3 Rixdollars 6 ggr. more or less according to the exchange.

Silver coins of foreign countries are not current in Prussia, but the Prussian coins circulate in all the neighbouring countries.

Paper Currency.

There are circulated in Prussia notes on the public banks, they have been given out for the Merchants conveniency, and are not only received in Prussia and the surrounding countries, but often preferred as being more convenient. All sorts of payments can be made with this paper currency.

Zur Abkürzung sind die Münzsorten in allen
Tabellen wie folgt bezeichnet.
Rx.—Sgr. Reichsthaler und Silbergroschen —
        ein Rx. hat 30 S.gr. früher war der
        Reichsthaler in 24 Groschen getheilt
        die man mit ggr. (gute Groschen)
        bezeichnet, man rechnet auch jetzt noch
        viel in ggr. hauptsächlich in den Ländern
        die Preußen umgeben.
        1 Groschen hat 12 Pfennige
fl.—x. Florin currant und Kreuzer oder im 20 fl.
        Fuß, das will sagen daß 20 solcher Gulden
        auf eine Kölnische Mark feines Silber
        gehen. 1 fl. hat 60 x.
fl.—x. Gulden und Kreuzer im 24 fl. Fuß
        woran 24 auf eine Kölnische Mark
        Silber gehen dieser Gulden ist also 1/6
        weniger werth als der fl.
F.—C.   Francken und Centimes Französisch.
        1 F hat 100 C
L.—Thl.—P. Livres Sterling, Schillings und Pence.
        1 L hat 20 Thl. zu 12 P

Pour désigner les différentes monnaies on s'est servi
des abréviations suivantes:
Rx.—Sgr. Rixdales et gros d'argent. 1 Rx. a 30 Sgr.
        autrefois la Rixdale était divisée en 24 gros
        qu'on désigne par ggr. (bons gros) on compte
        souvent encore aujourd'hui en ggr. surtout
        dans les pays environnants de la Prusse;
        le gros a 12 Deniers ou Pfennig.

ƒ.—x.   Florins courants & Kreuzer sur le pied de 20 florins pour 1 Marc d'argent fin de Cologne. 1 ƒ a 60 x.

fl.—x.   Florin & Kreuzer sur le pied de 24 florins pour 1 Marc d'argent de Cologne, ce florin vaut par conséquent ⅙ de moins que le ƒ.

Fr.—C.   Francs & Centimes de France, le Franc à 100 centimes.

£.—Shl.—P.   Livres Sterling, Schillings & Pence anglais, la £ a 20 Shl. à 12 Pence.

The following marks represent for shortness sake the different monneys.

R.—Sgr.   Rixdollar and Silver grosh, 1 R. has 30 Sgr. formerly the Rixdollar was divided in 24 gros that are designed by g.gr. (good gros) one counts often still to day in g.gr. particularly in the surrounding countries the grosh has 12 Pfennigs.

ƒ.—x,   Florin current and Kreuzer at the rate of 20 florins to 1 Marc of fine silver of Cologne 1 ƒ. has 60 x.

fl.—x,   Florin and Kreuzer at the rate of 24 flo.ns to 1 Marc of silver of Cologne, consequently this florin is ⅙ less worth than the ƒ.

Fr.—C.   Francs and centimes of France the franc to 100 centimes.

£.—Shl.—P.   English pounds Sterling, Shilling and Pence, the £ to 20 Shl. to 12 Pence.

Geh. 23K. 6G.
Titre 979/1000

Mittel Louis d'or oder Fried d'or.	Louis ou Frédéric d'or moyens.	Middle Louis or Fred. d'or.
Sein Titel oder Gehalt ... geringer ... gewöhnlichen, ... während den Siebenjährigen Kriege geprägt. In Preußen gelten sie Rb. 3. 19 Sgr. mit circa 12 % agio; in Holländer haben sie nicht Cours. Sie sind leicht an der Kupferfarbe zu erkennen, die überall erscheint wo sie abgerieben sind.	Leur titre est moindre que ceux ordinaires, ils furent frappés pendant la guerre de sept ans. En Prusse ils valent R. 3. 19 Sgr. avec environ 12 % agio; ils n'ont pas cours dans les autres pays. On les reconnait facilement à la couleur cuivrée qui parait partout où ils ont frotté.	Their standard is less than the ordinary, they were stamped during the war of seven years. In Prussia they are R. 3. 19 sgr. worth with about 12 % discount. they are not current in the other countries. They are to be known easili at the copper colour that appears in the place where they are rubbed.

Ducaten.	Ducat	Ducat
hat gleichen Werth und Cours wie ein holländischen & Ca. Rb. 3. 7 [illegible] wenigen laut Cours Rb. 3. 3 Pr. Preußisch m. ... w. fl. 4. 30. mit 4 a 8 % agio laut Cours fl. 5. 24. mit circa 10 % agio. „ 5. 36. im gemeinen Leben F. 11. 70 à 80.c Französisch Shl. 9. 9. P.c englisch	il a même valeur et cours que ceux d'Hollande & Cie. R. 3. 7 Sgr. plus ou moins suiv.t cours R. 3. 3 gr. de Saxe pl. ou m. fl. 4. 30. avec 4 à 8 % agio suiv.t cours. fl. 5. 24. avec environ 10% agio. „ 5. 36. dans la vie commune. F. 11. 70 à 80.c de France Shl. 9. 9. P.c Anglais	the same value as those of Holland & Ca. R. 3. 7 Sgr. more or less according to currency. R. 3. 3 gr. of Saxony m. or l. fl. 4. 30. with 4 to 8 % discount. fl. 5. 24. with about 10 % discount. „ 5. 36. in common circulation. F. 11. 70 to 80.c French. Shl. 9. 9. P. English.

8.

Geh. 21 K. 8 Gr.
Titre 904/1000

Geh. 21 K. 7 Gr.
Titre 90?/1000

Geh. 21 K. 7 Gr.
Titre 90?/1000

Doppelter Friedrichs d'or	Frédéric d'or double	Double Frederic d'or
Nominalwerth 10 Thaler mit circa 12 % mehr od. weniger Aufgeld.	Valeur nominale 10 Risdales avec environ 12 % d'agio plus ou moins suivant cours.	Nominal value 10 Rixdollars with about 12 % discount more or less according to the exchange
Rð. 11.10 Sgr in guten Laban	Rð. 11.10 Sgr dans la même com.ⁿᵉ	Rð. 11. 10 Sgr common currency
Rð. 10 — preußisch mit circa 10 % agio	Rð. 10. — de Saxe avec environ 10 % agio	Rð. 10. — of Saxony with about 10 % discount
G. 16. 24x mehr od. weniger.	G. 16. 24x plus ou moins	G. 16. 24x more or less
fl. 19. 40x .... id	fl. 19. 40x .... id	fl. 19. 40x .... id
F. 42 .... Französisch id	F. 42 — de France .. id	F. 42 — French .. id
L. 1. 14 Shl 6 Pce engl id	L. 1. 14 Shl 6 Pce d'Angl. id	L. 1. 14 Shl 6 Pce engl id

Friedrichs d'or	Frédéric d'or	Frederics d'or
Nominalwerth 5 Rthl. mit Aufgeld al wie ob gedacht	Valeur nominale 5 Risdales avec agio comme ci dessus	Nominal value 5 Rixdollars the exchange the same as above.
Rð. 5. 20 Sgr in guten Laban	Rð. 5. 20 Sgr dans la même com.ⁿᵉ	Rð. 5. 20 Sgr common currency
Rð. 5. — preußisch mit circa 10 % agio	Rð. 5. — de Saxe avec environ 10 % agio	Rð. 5. — of Saxony with about 10 % discount.
G. 8. 12x mehr od. weniger	G. 8. 12x plus ou moins	G. 8. 12x more or less.
fl. 9. 50x ...... id	fl. 9. 50x ...... id	fl. 9. 50x ...... id
F. 21. — Französisch id	F. 21. — de France .. id	F. 21. — French .. id
Shl. 17. 3 Pce engl. ... id	Shl. 17. 3 Pce d'Angleterre id	Shl. 17. 3 Pce Engl. .. id

Halber Friedrichs d'or	Demi Frédéric d'or	Half a Frederics d'or
Im Werth der Hälfte des Friedrichs d'or	Valeur la moitié du Frédéric d'or.	Half the value of the Frederics d'or.

Geh. 13 L. 6 Gr.
Titre 833/1000

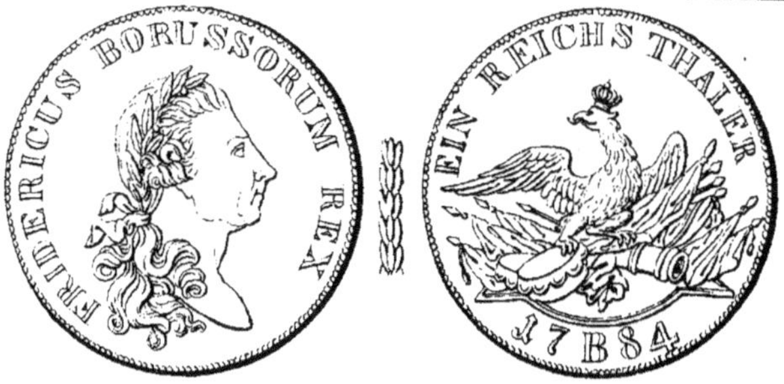

Geh. 11 L. 14 Gr.
Titre 743/1000

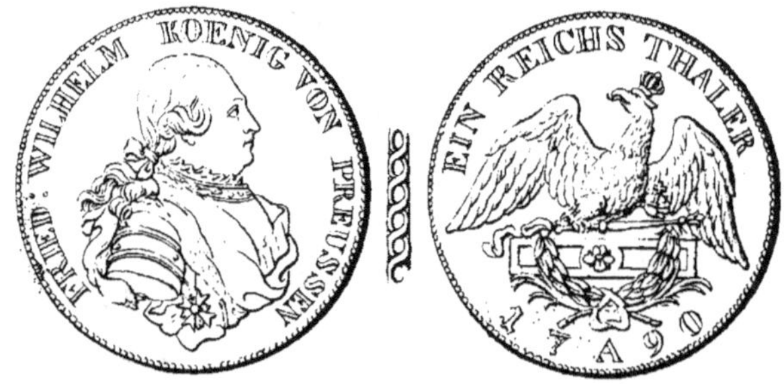

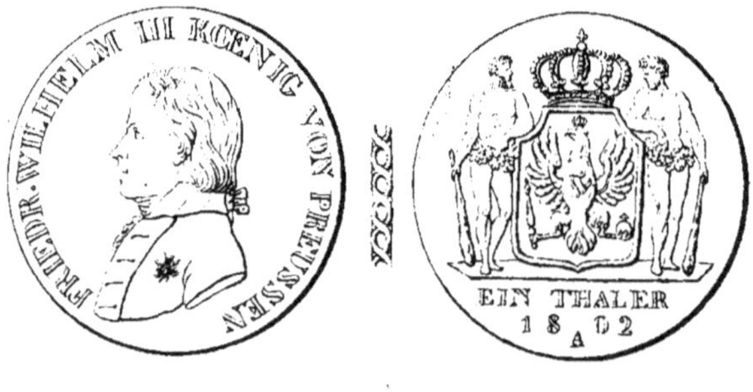

Species oder Conventions=Thlr	Ecu de Convention	Dollar of Convention
[Es wird nicht mehr geprägt und findet sich selten in Preußen, es sind noch welche in Sachsen im Umlauf.]	On n'en frappe plus, et s'en trouve rarement en Prusse, par contre il y en a encore quelques uns en circulation en Saxe.	Is coined no more, there are few in Prussia but there are some in circulation in Saxony.
Rth. 1. 11 Tgr. Preußisch mehr oder weniger	Rx. 1. 11 gr. de Prusse plus ou moins	Rx. 1. 11 dgr. Prussian more or less.
„ 1. 8. Preußisch fix	„ 1. 8. de Saxe fixe	„ 1. 8. Saxon fix
₰ 2. — im 20 fl Fuß	₰ 2. — au le pd de 20 fl	₰ 2. — „ on the rate of 20 fl
fl 2.24 x. 24 fl	fl 2.24 x. „ 24 „	fl 2.24 x . 24 fl
Frs 5. 40 c Französisch	Frs 5. 40 c de France	Frs 5. 40 c French.
Shl 4. 3⅔ Pce Englisch	Shl 4. 3⅔ Pce d'Angleterre	Shl 4. 3⅔ Pce English

Ein Reichsthaler	Une Rixdale	A Rixdollar
Er hat 24 gr. zu 12 Pfen. oder 30 Sgr. id.	Elle a 24 gr. à 12 èmes (Pfenning) ou 30 Sgr. dit	Has 24 gr at 12 Pfenning each, or 30 dgr id
Er hat Cours in Preußen wo man gewöhnlich Zahlungen macht in preußischer Währung; gewöhnlich bei den Banquiers und in den öffentlichen Kassen verlieren dieselbe gegen Preußische Währung circa 3 pct mehr oder weniger laut Cours:	Elle a cours en Saxe où l'on compte généralement dans la vie commune en valeur de Prusse; chez les banquiers et dans les Caisses publiques elle perd à peu près 3 pct plus ou moins suivant cours contre la valeur de Saxe.	It is current in Saxony, where in common life prussian money is generally admitted, at the banker's and public cashes it loses about 3 pct more or less according to the exchange with Saxon money.
₰ 1. 28 x im 20 fl Fuß	₰ 1. 28 x au le pd de 20 fl	₰ 1. 28 x on the rate of fl 20
fl 1. 45. zu 24 fl	fl 1. 45. id 24 fl	fl 1. 45. on the rate of fl 24
(16 Rth. plus ou moins 28 fl mehr oder weniger laut Cours.)	(16 Rixdales font 28 fl plus ou moins sui= vant cours.)	(16 Rixdollars make 28 fl m.o.l. according exchange)
Frs 3. 75 c Französisch (30 Rth.	Frs 3. 75 c de France. (30 Rixd.	Frs 3. 75 c French.

FRIEDR. WILHELM III KOENIG VON PREUSSEN
VIERZEHN EINE FEINE MARK
EIN
REICHS
THALER
1814
A
FRIEDR. WILHELM III KOENIG VON PREUSSEN
GOTT MIT UNS
EIN THALER
1818
A
FRIEDR. WILHELM III KOENIG V. PREUSSEN
GOTT MIT UNS
A
EIN THALER XIV EINE F. M.
18 25
FRIEDR. WILHELM III KOENIG V. PREUSSEN
GOTT MIT UNS
A
EIN THALER XIV EINE FEINE MARK
SEGEN DES
MANSFELDER
BERGBAUES
1826

(80 Rthlr. mehr und 300 F. minder der voriger laut Cours.) Shl. 3. ½ P. englisch.	(80 Rixdales plus ou moins suivant cours font 300 F.^{cs}) Shl. 3 ½ Penny d'Angleterre.	(80 Rixdollars more or less make 300 F.^{cs}) Shl. 3 ½ Penny english.

Gnf. 10 L. 11 gr.

Titre $\frac{666}{1000}$

2/3 Reichsthaler oder	2/3 de Rixdale soit	2/3 of a Rixdollar or
16 gute Groschen	16 g. gr.	16 g. gr.
20 Silber-Groschen	20 Sgr.	20 S. gr.
Rp. — . 15 1/2 gr. sächsisch	Rp. — . 15 1/2 gr de Saxe	Rp. — . 15 1/2 gr. of Saxony
ƒ. — . 58"	ƒ. — . 58"	ƒ. — . 58"
fl. 1. 10"	fl. 1. 10"	fl. 1. 10"
F. 2. 50.c französisch	F. 2. 50.c de France	F. 2. 50.c french
Shl. 2 — englisch	Shl. 2 — d'Angleterre	Shl. 2 — english

1/3 Reichsthaler oder	1/3 de Rixdale soit	1/3 of a Rixdollar or
8 g. gr.	8 g. gr.	8 g. gr.
10 Sgr.	10 Sgr.	10 Sgr.
Rp. — 7 3/4 gr sächsisch	Rp. — 7 3/4 gr de Saxe	Rp. — 7 3/4 gr. of Saxony
ƒ. — 29"	ƒ. — 29"	ƒ. — 29"
fl. — 35"	fl. — 35"	fl. — 35"
F. 1. 25.c französisch	F. 1. 25.c de France	F. 1. 25.c french
Shl. 1. — englisch	Shl. 1. — d'Angleterre	Shl. 1. — english

Ein halber Reichsthaler	Une demi Rixdale	half a Rixdollar
Rp. — 12 ggr.	Rp. — 12 ggr.	Rp. — 12 ggr.
„ — 15 Sgr	„ — 15 Sgr	„ — 15 Sgr
„ — 11½ gr. sächsisch	„ — 11½ gr de Saxe	„ — 11½ gr of Saxony
Ø. — 43 x	Ø. — 43 x	Ø. — 43 x
fl. — 52½ x	fl. — 52½ x	fl. — 52½
F. 1.87 c französisch	F. 1.87 c de France	F. 1.87 c french
Shl. 1.6 P. englisch	Shl. 1.6 P. d'Angleterre	Shl. 1.6 P. english

¼ Reichsthaler	¼ de Rixdale	¼ of a Rixdollar
Rp. — 6 g.Gr. finden sich selten mehr	Rp. — 6 g.gr se rencontre rarement	Rp. — 6 g.gr is ver scarce
„ — 7½ Sgr	„ — 7½ Sgr	„ — 7½ S.gr
„ — 5¾ gr. sächsisch	„ — 5¾ gr de Saxe	„ — 5¾ gr of saxony
Ø. — 21½ x	Ø. — 21½ x	Ø. — 21½ x
fl. — 26 x	fl. — 26 x	fl. — 26 x
F. — 93 c französisch	F. — 93 c de France	F. — 93 c french
Shl. — 9 P. englisch	Shl. — 9 P. d'Angleterre	Shl. — 9 P. english

1/6 Reichsthaler 4 g.gr. 5 Sgr. 17½ Kreuzer im 24 fl. Fuß, noir aber oft nur für 17x gerechnet.	1/6 de Rixdale soit 4 g.gr. 5 S.gr. 17½ Kreuzer sur le pied de 24 fl. mais on ne les prend commune= ment que pour 17x	1/6 of a Rixdollar 4 g.gr. 5 S.gr. 17½ Kreuzer on the rate of 24 fl. but generally it is worth only 17x
1/12 Reichsthaler 2 g.gr. 2½ S.gr.	1/12 de Rixdale soit 2 g.gr. 2½ S.gr.	1/12 of a Rixdollar 2 g.gr. 2½ S.gr.
1 Silber-Groschen sind 12 Pfennige; 8 D.gr. machen einen franz. Franken.	1 S.gr. soit gros d'argent il a 12 deniers (Pfennig); 8 S.gr. font un franc de France.	1 S.gr. or silver gros (12 Pfennig); 8 S.gr. make a french franc
½ S.gr. sind 6 Pfennige;	½ S.gr. soit 6 deniers (Pfennig)	½ S.gr. is 6 Pfennig,

 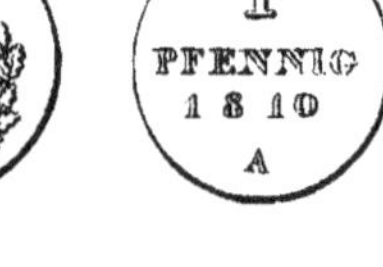

⅓ Silbergroschen oder 4 Pfenninge	⅓ de S.gr. ou Gros d'argent soit 4 deniers (Pfenning)	⅓ of a S.gr. or 4 Pfenning
¼ Silbergroschen oder 3 Pfenninge	¼ de S.gr. soit 3 deniers (Pfenning)	¼ of a S.gr. or 3 Pfenning
⅙ Silbergroschen oder 2 Pfenninge	⅙ de S.gr. soit 2 deniers (Pfenning)	⅙ of a S.gr. or 2 Pfenning
1/12 Silbergroschen oder 1 Pfenning.	1/12 de S.gr. soit 1 denier (Pfenning)	1/12 of a S.gr. or 1 Pfenning.

Brandenburg.

Conventions oder Spezies Thaler	Ecu de Convention	Dollar of Convention.
Rx. 1. 11 Sgr. Preußisch	Rx 1. 11 S.gr. de Prusse	Rx. 1. 11 S.gr. of Russia
„ mehr od. weniger	pt. ou m.	more or less
„ 1. 8 ggr. Sächsisch	„ 1. 8 g.gr. de Saxe	„ 1. 8 g.gr. of Saxony
fl. 2. —	fl. 2. —	fl. 2. —
fl. 2. 24 xr.	fl. 2. 24 xr.	fl. 2. 24 xr.
F. 5. 20 c. Französisch	F. 5. 20 c. de France	F. 5. 20 c. French
Shl. 4. 2 Pce Englisch	Shl. 4. 2 Pce d'Angleterre	Shl. 4. 2 Pce English

Brandenburg.

Geh. 18 K. 6 Gr.
Titre 771/1000.

Brandenburg

Geh. 23 K. 7 Gr.
Titre 984/1000.

ehemaliges Bisthum Trier.　　ci-devant Evéché de Trèves.

Geh. 13 L. 4 Gr.
Titre 826/1000.

Trier.　　　Trèves.

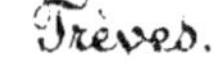

Carolin.	Carolin.	Carolin.
Rx. 6. 20 Sgr. Preußisch	Rx. 6. 20 Sgr. de Prusse	Rx. 6. 20 Sgr. of Prussia
„ 6. 11 ggr. Sächsisch	„ 6. 11 „ de Saxe.	„ 6. 11 „ of Saxony.
G. 9. 41.ᵃ	G. 9. 41.ᵃ	G. 9. 41.ᵃ
fl. 11. 37.ˣ	fl. 11. 37.ˣ	fl. 11. 37.ˣ
F. 25. 60.ᶜ Französisch	F. 25. 60.ᶜ de France	F. 25. 60.ᶜ french.
£. 1. — 5 P. Englisch	£. 1. — 5 P. d'Angl.	£. 1. — 5 P. english.

Ducaten.	Ducat.	Ducat.
Gleichen Werth wie alle andern Ducaten, siehe Seite 7.	Même valeur comme tous les autres, voir page 7.	The same value as all others, see p. 7.

Conventions-oder Spezies-Thaler.	Ecu de Convention.	Dollar of Convention.
Rx. 1. 11 Sgr. Preußisch m. o. w.	Rx. 1. 11 Sgr. de Prusse. pl. ou m.	Rx. 1. 11 Sgr. of Prussia. m. or less
„ 1. 8 ggr. Sächsisch.	„ 1. 8 ggr. de Saxe	„ 1. 8 „ of Saxony.
G. 2. —	G. 2. —	G. 2. —
fl. 2. 24.ˣ	fl. 2. 24.ˣ	fl. 2. 24.ˣ
F. 5. 20.ᶜ	F. 5. 20.ᶜ	F. 5. 20.ᶜ
Shl. 4. 2 P.	Shl. 4. 2 P.	Shl. 4. 2 P.

½ Conventions-Thaler	½ Ecu de Convention	½ Dollar of Convention.
Rx. — 20½ Sgr. Preußisch m. o. w.	Rx. — 20½ Sgr. de Prusse. pl. ou m.	Rx. — 20½ Sgr. of Prussia. m. or less
„ — 16 „ Sächsisch.	„ — 16 „ de Saxe.	„ — 16 „ of Saxony.
G. 1. —	G. 1. —	G. 1. —
fl. 1. 12.ˣ	fl. 1. 12.ˣ	fl. 1. 12.ˣ
F. 2. 60.ᶜ	F. 2. 60.ᶜ	F. 2. 60.ᶜ
Shl. 2. 1 P.	Shl. 2. 1 P.	Shl. 2. 1 P.

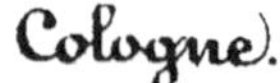

Cölln. **Cologne).**

Grf. 18 K. 6 gr.
Titre 771/1000.

Grf. 13 L. 9 gr.
Titre 979/1000

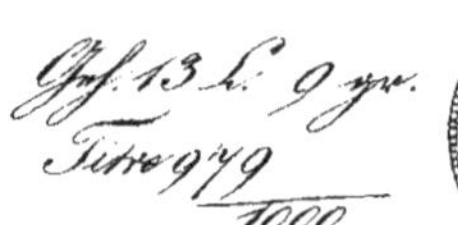

Carolin.	Carolin.	Carolin.
Rf. 6 „ 20 Tgr. Kaiserlich.	R. 6 „ 20 Sgr. de Prusse.	R. 6 „ 20 Sgr. of Prussia.
„ 6 „ 11 „ Kaiserlich.	„ 6 „ 11 „ de Saxe.	„ 6 „ 11 „ of Saxony.
C. 9 „ 41 xr.	C. 9 „ 41 „	C. 9 „ 41 „
fl. 11 „ 37 xr.	fl. 11 „ 37 „	fl. 11 „ 37 „
F. 25 „ 60 c.	F. 25 „ 60 c.	F. 25 „ 60 c.
L. 1 „ — „ 5 P.	L. 1 „ — „ 5 P.	L. 1 „ — „ 5 P.

Ducaten.	Ducat.	Ducat.
Gleicher Werth wie andere Ducaten siehe Seite 7.	Même valeur que d'autres, v. p. 7.	The same value as all others. see v. 7.

Conventions-Thaler.	Ecu de Convention.	Dollar of Convention.
Rf. 1 „ 11 Tgr. Kaiserlich. m. w. 1.	R. 1 „ 11 Sgr. de Prusse pl. ou m. de Saxe.	R. 1 „ 11 Sgr. of Prussia. m. or 1.
„ 1 „ 8 „ Kaiserlich.	„ 1 „ 8 „ de Saxe.	„ 1 „ 8 „ of Saxony.
C. 2 „ —	C. 2 „ —	C. 2 „ —
fl. 2 „ 24 xr.	fl. 2 „ 24 „	fl. 2 „ 24 „
F. 5 „ 20 c.	F. 5 „ 20 „	F. 5 „ 20 c.
Shl. 4 „ 2 P.	Shl. 4 „ 2 P.	Shl. 4 „ 2 P.

1/3 Reichsthaler	1/3 Rixdale	1/3 Rixdollar
8 gr. im Conventions Fuß einer Sächsischen Währung.	8 Gros sur le pied de Convention ou de Saxe.	8 Gros on the rate of Convention or Saxony
Ro. — 10 1/4 Sgr. Preußisch.	Ro. — 10 1/4 Sgr. de Prusse.	Ro. — 10 1/4 Sgr. of Prussia.
C. — 30 xr.	C. — 30 „	C. — 30 „
fl. — 36 „	fl. — 36 „	fl. — 36 „
F. 1 „ 30 c.	F. 1 „ 30 c.	F. 1 „ 30 c.
Shl. 1 „ 2 P.	Shl. 1 „ 2 P.	Shl. 1 „ 2 P.

4 Groschen Conv.	4 Gros de Conv.	4 Groshes of Conv.
Ro. — 5 Sgr. Preußisch.	Ro. — 5 Sgr. de Prusse.	Ro. — 5 Sgr. of Prussia.
C. — 15 xr.	C. — 15 „	C. — 15 „
fl. — 18 „	fl. — 18 „	fl. — 18 „
F. — 65 c.	F. — 65 c.	F. — 65 c.
Shl. — 7 P.	Shl. — 7 P.	Shl. — 7 P.

2 Groschen Conv.	2 Gros de Conv.	2 Groshes of Conv.
Ro. — 2 1/2 Sgr. Preußisch.	Ro. — 2 1/2 Sgr. de Prusse.	Ro. — 2 1/2 Sgr. of Prussia
C. — 7 1/2 xr.	C. — 7 1/2 „	C. — 7 1/2 „
fl. — 9 „	fl. — 9 „	fl. — 9 „
F. — 32 c.	F. — 32 c.	F. — 32 c.
Shl. — 3 1/2 P.	Shl. — 3 1/2 P.	Shl. — 3 1/2 P.

Osnabrück.

Paderborn.

Münster.

Berg.

Berg.

Berg.

Conventions Thaler.	Ecu de Convention.	Dollar of Convention.
R⅌ 1. 11. Sgr. Preußisch m. od. w.	Rx. 1. 11 Sgr. de Prusse pl. ou m.	Rx. 1. 11 Sgr. of Russia m. or l.
„ 1. 8 Gr. Sächsisch	„ 1. 8 Gr. de Saxe	„ 1. 8 Gr. of Saxony
S. 2. —	S. 2. —	S. 2. —
fl. 2. 24 Xr	fl. 2. 24 Xr	fl. 2. 24 Xr
F. 5. 20c	F. 5. 20c	F. 5. 20c
Shl. 4. 2 Pce	Shl. 4. 2 Pce	Shl. 4. 2 Pce

4 Groschen Conv.on	4 Gros de Conv.on	4 Groshes of Conv.on
R⅌ — 5 Sgr. Preußisch	Rx. — 5 Sgr. de Russe	Rx. — 5 Sgr. of Russia
S. — 15 Xr	S. — 15 Xr	S. — 15 Xr
fl. — 18 Xr	fl. — 18 Xr	fl. — 18 Xr
F. — 65 c	F. — 65 c	F. — 65 c
Shl. — 7 Pce	Shl. — 7 Pce	Shl. — 7 Pce

4 Groschen Conv.ou	4 Gros de Conv.on	4 Groshes of Conv.on
wie oben	comme ci dessus	uppermentionned

3 Stüber.	3 Stüber.	3 Stüber.
Ein Thaler hatte früher 60 Stüber zu 16 Heller. 13 Rx. Bergisch sind gleich 10 Rx. Preußisch oder 78 Stüber = 1 Rx. Pr. Jetzt rechnet man im Preußischen Rx. zu 30 Sgr.	Un écu avait autrefois 60 Stüber à 16 Deniers. 13 Rx. de Berg équivalent à 10 Rx de Prusse ou 78 St. = 1 Rx de Pr. Maintenant on compte en Rx. à 30 Sgr. de Russe.	A dollar had formerly 60 St. to 16 Hellers. 13 Rx. of Berg are equal to 10 Rx. of Russia or 78 St. = 1 Rx. of Pr. Now they count in Rx. to 30 Sgr. of Prussia.

½ Stüber oder 8 Heller	½ Stüber ou 8 Deniers	½ Stüber or 8 Hellers.

¼ Stüber oder 4 Heller.	¼ Stüber ou 4 Deniers	¼ Stüber or 4 Hellers.

Stolberg.

I ½
PFENNING
SCHEIDE
MUNTZ
1722

I
PFENNING
SCHEIDE
MUNTZ
1722

½ Conv:on Thaler oder 16 Groschen Conv:on	½ écu de Conv:ou ou 16 Gros de Couven:ou	½ Dollar of Conv:on or 16 Groshes of Conv:on
Rx. ___ 20½ Sgr.	Rx. ___ 20½ Sgr.	Rx. ___ 20½ Sgr.
ƒ. 1. —	ƒ. 1. —	ƒ. 1. —
fl. 1. 12xr	fl. 1. 12xr	fl. 1. 12xr
F. 2. 60.c	F. 2. 60.c	F. 2. 60.c
Shl. 2. 4 Pce	Shl. 2. 4 Pce	Shl. 2. 4 Pce
Rx. ___ 24 Marien-groschen.	Rx. ___ 24 Gros de Marie	Rx. ___ 24 Marien-groshes
ehemals rechnete man die Rx. zu 36 Marien-groschen zu 8 Pfenningen.	on comptait autrefois la Rx. à 36 Gros de Marie à 8 Pfennigs.	some time ago the Rx. was counted at 36 Mariengroshes, the M.gr. to 8 Pfennig.

¼ Conv:on Thaler oder 8 Groschen Conv:on	¼ écu de Conv:on ou 8 Gros de conven:on	¼ Dollar of Conv:on or 8 Groshes of Conv:on
Rx. ___ 10¼ Sgr.	Rx. ___ 10¼ Sgr.	Rx. ___ 10¼ Sgr.
ƒ. ___ 30xr	ƒ. ___ 30xr	ƒ. ___ 30xr
fl. ___ 36xr	fl. ___ 36xr	fl. ___ 36xr
F. 1. 30.c	F. 1. 30.c	F. 1. 30.c
Shl. 1. 2 Pce	Shl. 1. 2 Pce	Shl. 1. 2 Pce

4 Groschen Conv:on	4 Gros de Convention	4 Groshes of Conv:on
Rx. ___ 5 Sgr.	Rx. ___ 5 Sgr.	Rx. ___ 5 Sgr.
ƒ. ___ 15xr	ƒ. ___ 15xr	ƒ. ___ 15xr
fl. ___ 18xr	fl. ___ 18xr	fl. ___ 18xr
F. ___ 65.c	F. ___ 65.c	F. ___ 65.c
Shl. ___ 7 Pce	Shl. ___ 7 Pce	Shl. ___ 7 Pce

1½ Pfenning	1½ Pfenning	1½ Pfenning
1 Pfenning	1 Pfenning	1 Pfenning